Reihe Neue Lyrik
Kulturstiftung des Freistaates Sachsen

Herausgegeben von
Jayne-Ann Igel, Jan Kuhlbrodt, Ralph Lindner

Jörg Schieke

ANTIPHONIA

Gedicht

poetenladen

Erste Auflage 2018

ISBN 978-3-940691-93-4

Reihe Neue Lyrik – Band 15
Herausgegeben von Jayne-Ann Igel, Jan Kuhlbrodt
und Ralph Lindner

Illustration und Umschlaggestaltung: Miriam Zedelius
Druck: Pöge Druck, Leipzig
Printed in Germany

Poetenladen, Blumenstraße 25, 04155 Leipzig, Germany
www.poetenladen-der-verlag.de
www.poetenladen.de
verlag@poetenladen.de

»Sie veröffentlichen ein Kind.«
Richard Kegel (8 Jahre)

I

Dieser Mann liebte seine Andrea und veröffentlichte
mit ihr drei Kinder. Stefanie, Heiner und Katarina; Kat
mit den schön vertrödelten Zöpfen. Sie hielten sich einen
ans Haus geknoteten Garten plus einen Golden Retriever.

Jeder aus der Familie streichelte den Goldenen Hund
wenigstens einmal am Tag; sie herzten ihn hinter den Ohren.
Der Hund war ein Schattentier mit einem Bellhorizont
von unendlich vielen Lichtjahren und jeweils

gleich großen Portionen Vollkostfutter im Napf. Aus vier
Minuten wurden schnell schon mal fünf. Eines Nachts
wachte der Mann davon auf, dass seine Frau nicht schlafen
konnte. Dabei hatten sie doch gerade eben beschlossen –

aber beschließen kann man immer viel. Die Frau,
eine Psychosomatin, ging auf die Terrasse und weitete
ihr Bewusstsein. Sie rauchte Eigenbedarf, sie erweiterte
ihr Bewusstsein um die blühendsten Adoptionsfantasien

ever. »Wenn ich alt bin, werde ich mich verdünnisieren … ich
werde verschwunden sein. Ich lasse mich
so lange hin- und her-,
vor- und zurückadoptieren, bis mir der Tod

die Verwandtschaft aufkündigt. Denn Verwandtschaft ist nichts,
ist falsche Anhänglichkeit.« Vielleicht ein schütterer Traum
oder eine vierblättrige Gegend mit Tüten, vielleicht
ein Freelancer aus Meerane oder der singende, klingende

Affenfürst von Gibraltar: Irgendwer, irgendwas
würde die Frau schon adoptieren. Meist jagt ein Wort,
belastet ein Schweigen das andere. Der Mann bog mit aller
Kraft eine Büroklammer auf und sagte zu seiner Frau:

»Die Stirn- und die Wangenpartie hat Katarina von mir,
die stotternden blassen Fäustchen sind eindeutig deine.
Heiner hat sich in den Kopf gesetzt, keinem von uns ähnlich
zu sehen. Er lockt den Retriever in eine menschenscheue App. Steffs

Humor ist elternunabhängig und herrlich.« Lockt den Retriever
in eine gottverlassene App. Im Schulkindalter
hatten Stefanie, Heiner und Katarina viel mit dem Retriever
gespielt. Kat warf ihm den goldenen Knochen zu, und der Knochen

ließ sich von allen Jahreszeiten bemuttern. Der Hund
bewachte den Knochen, der Knochen beschützte
die Kinder. Die Kinder kolumbisierten auf der Landkarte
bis nach Irrtumsamerika. Sie füllten die Fässer mit Sauerkraut

gegen den Skorbut, lernten Kielholen, Glasen und Singen. Steff
hörte schon mit zehn die *Klassiker der Moderne*
im Rundfunk. Aus dem verschollen geglaubten Roman
direkt vom Monte Veritá. Buddha auf seinem Hügel

über der Gischt, die ihn auszehrt. Wenn Steff ein Wort nicht
verstand, fragte sie ihren Vater: »Papa, was heißt *irrational*? Was
ist mit *überbordend* gemeint, was mit *erhaben*?« Papa erklärt,
und Heiner tupft sich Baumwollinseln in seine allergischen

Meere. *Erhaben* geht besser zu merken als *irrational. Überbordend* bedeutet, dass etwas über den Rand
des dafür vorgesehenen Kästchens hinausschießt. Freude,
Gier, Wasser- und Lichtmassen, Widerspruchsgeist,

allgemeines Gelächter. Das passiert doch in den besten
Familien. In den Jahren der Pubertät und des hochauflösenden Trotzes, von dem nur geheilt werden kann,
wer einen anderen damit ansteckt. Katarina,

Stefanie, Heiner, Mom, Dad. Die Pubertät der Kinder
(eben haben sie noch Teletubbies geguckt, jetzt
ziehen sie in London oder New York um die Häuser)
regeneriert die Einsamkeit ihrer Eltern. Die Pubertät

der Kinder ist eine *Antenne aus Holz* für die Einsamkeit
ihrer Eltern. Antenne im Sinne von verkehrt herum
ausgerichtetem Blitzableiter. *Antenne aus Holz* oder
Im Polizeigriff der Worte – so hießen die lustig gemeinten

Ratgeberbroschüren in dieser Zeit. Einer Zeit,
von der man dann nichts mehr gehört hat. Aber solange
die Eltern zusammenstehen, solange der Dad nicht vergisst,
in gewissen Momenten Moms Augenfarbe zu flüstern

und die Mom sich nicht allzu viel Arbeit vom Büro
mit nach Haus nimmt, solange lässt es sich aushalten. Solange
er ihr in gewissen Momenten das Wort *grau* zuflüstert. Die Mom
hasste es, am Freitagmittag schon für das Wochenende

einkaufen zu müssen. Es machte sie unglücklich. Sie fühlte sich
krankenhausreif und für das Wochenende gerüstet
wie eine Ritterin, die nie mehr vom Pferd steigt. Aber
kein Ding. In dieser Zeit wurde ständig etwas erwogen

oder ausgespart oder versäumt, das einer Mom das Gefühl gab,
von etwas anderem herabgewürdigt zu werden. Dieses Gedicht
handelt vom Niedergang einer Familie. Jede Sekunde
in diesem Gedicht beruht auf einer wahren Begebenheit. Manchmal

hörte die Mom, wie Dads Schlüsselbund im Innern
der Waschmaschine gegen das Bullauge schlug. Peng –
hatte ers mal wieder vergessen. Zu sehen war aber nichts,
nur Schaum. Es gab diese Mom in verschiedenen Versionen

mit ganz verschiedenen Entstehungszeiten. Die eine Mom
war spontankreativ und gesellig, und auf ihrem Nachttisch,
zwischen Leselampe und Wecker, tick und tack, lag eine Broschüre
mit dem Titel: *Im Polizeigriff der Worte*. Die andere Mom

stolperte eines Abends über ein Kopfschmerzen-
monster. In ihrer Brieftasche aus grün glänzendem Imitat
bewahrte sie einen Gutschein auf, der seit Ewigkeiten
verfallen war. Keine Ahnung wozu. Das Kopfaua-Viech

lauerte in Moms Radius und in ihrem Schminkspiegelchen: ㋛ ㋛
㋛ ㋛. Jede Sekunde in diesem Gedicht beruht auf einer
letzten Gelegenheit. Eine noch andere, viel frühere Mom, Mam
oder Mim war in ihrem Heimatdorf zur Chefin der örtlichen

Motorradclique ernannt worden. Eine der leibhaftigsten
Rockergangs ever. Unsere Mum und ihr sexy Phlegma
bei den Maschinen. Halbschaftstiefel, Chrom, dreimal
geflickte Netzstrumpfhose. Den schnapsgetränkten Sand

zu entzünden. Auf einem Campingplatz. Break on through
to the other side. Stefanie, was *break on through*
bedeutet, erklärn wir dir später. Wenn die Mim
mit ihrer Gang über den Parkplatz spazierte, war sie immer

die hübscheste. Sogar mit runtergeklapptem Visier
hübscher als die ohne Helm, als die mit den blonden
offenen Haaren, den entscheidungsfreudigen Zähnen; trotzdem,
unsere Mom war die schönste. Das sagen alle. Keiner

von uns hat jemals nach einem Streit ein Familienfoto
zerrissen oder das Gesicht von Heiner, Steff, Kat, Mom, Dad
schwarz übermalt oder rausgeschnitten. Solche Fisimatenten
hat es bei uns gar nicht gegeben. Dad kam als Student

während der Semesterpause in jene Einöde, in der Mom
ihre Sozialstrafe abriss. Sie musste im *Lager
für Arbeit und Erholung* Küchendienst leisten. Tee
mit Zitrone zubereiten, Brötchen schmieren, Frühstückseier

abschrecken. Manche der Kommilitonen boten der Mom
ihre Bewunderung an. Wegen Moms aus dem Küchenkittel
herausgipfelnden Schulterblättern, denen, so schien es
😏😏😏. Die Mom, der zu dieser Zeit alles egal war,

hüllte sich den ganzen Tag lang in Schweigen. Zwar
ging sie mit den Studenten runter zum Strand, aber anders
als die Sonderpädagogik-Aspirantinnen
hechtete unsere Mom niemals vom Bootssteg. Der Metal

hatte sie verletzlich und prüde gemacht, fast so
wie ferngesteuert. Unfallkreuze am Straßenrand und in den Augen
unserer Mom. Dad kriegte sie mit seiner ruhigen,
besonnenen Art. Eines Nachmittags schwammen sie Arm

in Arm auf den See hinaus. Im Wasser kann man
Entfernungen schwerer einschätzen als an Land. Der Schilfgürtel
säumte das Ufer, das bald einen Schleier aus Dunst,
eine eiserne Reserve Heimat über sich aufzog. *Aalrohre*

auslegen verboten – früher gab es hier Aale, gab es
Mutproben mit lebenden Fischen. So geschickt
war unsere Mom, dass sie beim Kraulen noch nicht mal
ihren Breitkrempigen abnehmen musste. Stets

schwamm sie mit dem Herzen voran. In der Mitte des Sees
stiegen Mom und Dad dann auf einen arbeitswilligen,
unparteiischen Reiher. In der ersten Kurve
über dem Erdbeererntelager küssten sie sich. In der zweiten,

über einer nach Lokalkolorit müffelnden Kleinstadt,
küssten sie sich, ohne dabei auf die Flügel des Reihers
zu achten. Sie klammerten (kuschelten) sich aneinander
mit ihren Zungen. Richtig ist, aber richtig ist auch

– der Reiher wollte gut Freund sein, nur schwanden ihm allmählich
die Kräfte. Mom rief: »Wir müssen Ballast abwerfen!«
Dad rief: »Wirf ab die Wertsachentüte, wirf ab den Fingerring!
Wirf ab die Angst vor den Autoritäten und ihrem

Scheißdreck! Wirf ab die Ich-änder-mich-Pläne, wirf ab
die Ratgeberbroschüren mit all ihrer Grütze!« Die Mom
steckte sich Wattebäusche zwischen die affenordinär langen
Zehen und lackierte sich erst mal die Nägel. Ein Kunststück,

das dem Dad den höchsten nur möglichen Herzschlag
durch die Eingeweide trieb. Moms Zehen waren dafür geschaffen,
in Leipzig genauso wie in Frankfurt, im Frühling
ebenso wie im Herbst, vorbei an Aufbau, Rowohlt und Piper

die ganze Shortlist für sich alleine zu pachten. Die Jury
lobte »das beseelte Neben- und Miteinander der im Gegentakt,
wie melodische Scharniere flottierenden und beim Einrasten
sanft knackenden Gelenke und Knöchelchen« von kleinem,

mittlerem, Daumen-, Zeige- und Ringzeh. Ja, Moms
Zehen hatten das Zeug dazu. Dad liebte sogar den Würgduft
von frisch aufgetragenem Nagellack. Violett violance
wurde sein Talisman. Violett im Maßstab eins zu elftausend-

fünfhundertachtundzwanzig. Sex, unter den Augen des Reihers,
auf künstlich klein, künstlich dumm gehaltner Matratze. Dad
tuckerte los, ehe er sich – es war warm, noch hell, Mitte Juli –
in der Küchenfee anonymisierte. Dieser Mann hatte den Ehrgeiz,

ein ganz ein Ehrgeizloser zu werden. Kopfmensch
made by Schwanzmensch. Bislang war unsere Mum, Mam oder Mim
nur mit Rockern zum Aufpusten zusammen gewesen. Daran
ihre viereinhalb Mütchen zu kühlen. In Saftladenhausen

Kaninchen-Yoga zu treiben. Dieser Mann (Dad)
liebte seine Andrea (Mom) und veröffentlichte
mit ihr drei Kinder. Heiner, Stefanie und Katarina; Kat
mit den schön vertrödelten Zöpfen. An einem Mittwoch

in einer Hofpause hatte Heiner Ärger mit Hakan. Hakan
und Thorben, mit denen jeder schon mal Ärger hatte. Hinterher
sieht Thorben seinen Fehler ja ein, aber. An diesem Tag
handelte es sich um eine Fledermaus. Ein Wesen,

das man schon sehr lange einweichen muss, ehe es
überhaupt eine Regung absondert. Die Fledermaus, eine altgediente
Fahrradschuppenbewohnerin mit vollgültigem Mieterausweis,
wurde verurteilt und umgesiedelt. Sie durfte nicht mehr

als drei Gramm Gepäck mit sich führen. Pathetisch
wenig, selbst für eine Fledermaus. Thorben und Hakan
spielten sich als strenge Quartiereltern auf. Auf deutschtürkisch
hielt Hakan Fledermäuse wahlweise für Idioten, wahlweise

für Spione Bradenbachs. Fledermaus fliegt über den Schuppen
und funkt rüber ins Lehrerzimmer. Immer im Einsatz
als Ultraschallschnäuzchen, als Highfidelityspitzel. Wer
wem eine Fluppe spendiert und welcher Junge

welcher Jaqui wohin fassen darf. Alles Bradenbach
oder was? Leider war Herr Bradenbach an jenem Mittwoch
nicht der aufsichtsführende Lehrer. Er saß über den Halbjahres-
noten, als das mit Hakan, Thorben, der Fledermaus

und Heiner passierte. Chemie ist ein Lernfach, Ethik und Deutsch
sind mehr was für Träumer. Das sind die Stunden, in denen wir üben,
einen Mund zu haben. Herr Bradenbach jedenfalls
hätte lieber Ethik und Deutsch statt Mathe, Chemie

und Bio gegeben. Lieber Goethe, Mörike, Walser
Feuchtwanger, Dürrenmatt, Benn, die Bachmann, Fontane
und wie sie nicht noch alle hießen. Zum Schulfest
hatte er mal das Periodensystem der Elemente

in Hexametern vorgetragen. *Nickel, Magnesium, Zink, Zinn*
und Phosphor; Chrom, Silber und Kupfer ... Fever. Für Thorben
so was wie ein Vorstrafenregister. Die ganze 11b
Pfingsten, das liebliche Fest, war gekommen! es grünten und blühten

Feld und Wald; auf Hügeln und Höhn, in Büschen und Hecken
drosch dazu mit Kuchengabeln auf die Tische
den Groove. Die Fledermaus blieb vom Gesicht her
durchgängig tapfer. Sie wollte bluten und konnte nicht. Peinstrahlen,

Hochfrequenzsalven, leises Gejammer. Das Tier
wurde in einem Drei-Liter-Gurkenglas so lange vernommen,
bis Thorben ihm einen Ganzkörpertinnitus
eingepflanzt hatte. Auch dieses Mal sah Thorben

seinen Fehler hinterher ein. Die Hin- und die Rückstrahlen
verknäulten sich zu einem, wie es in der Fachsprache heißt,
Echosalat. Die Fledermaus wurde zu Tode gekitzelt
von ihren eigenen Äußerungen. Sie lachte

nach Art der Säugetiere. Als wüsste sie, dass der Schmerz
irgendwann aufhört. Als wäre sie für Sekunden
betrunken und widerlegt. Fledermaus lachte wie eine,
die gleich ihren Aggregatzustand ändert. Thorben stand in Physik

auf der Kippe. Von *fest* nach *flüssig* nach *gasförmig*. Von *gasförmig*
wieder nach *flüssig* und weiter nach *amüsant*. Von *amüsant*
nach *überempfindlich* nach *ausgebrannt*. Eine Aufzählung,
die sich beliebig fortsetzen ließe. Eine Aufzählung,

die sich beliebig fortsetzen ließe, wird automatisch
zu einem Todesurteil. Das nur für den Hinterkopf. Thorben
pauste die Fledermaus in seinen Schnellhefter. Viel mehr
als das Skelett – also das, was bei einem Apfel

der Griebsch ist – war nicht zu erkennen. Noch dazu
hörten die Jungs, wie Jaqui (Jaqui mit den strammen,
proletarischen Radkappen) von Nasen- auf
Mundatmung umschaltete. Das waren Signale. Jaqui

schaltete um, von *eingeschnappt* auf *belustigt*, auf *außer*
Rand und Band, von Mund wieder auf Nase, von Thorben
auf Hakan. Das letzte, was die Fledermaus sah,
war ein Gymnasiast namens Heiner. Bemerkenswert

dicker Teenager, der sich aus angeborener und in den Jahren
mit dem Retriever weiter vertiefter Liebe zum Tier
einmischen wollte. Aber auch wegen Jaqui und ihrer
bislang von Thorbens Könnerschaft behüteter

Golden Oberweite. Die anschließende Diskussion,
aufgezeichnet und moderiert von Herrn Bradenbach,
führte zu gar nichts. Was gab es hier noch zu diskutieren. Die Angst
(der Schmerz, die Schamlosigkeiten) war in viele

Gedanken gesickert und hatte von dort aus
gestreut in die Organe. Zur Strafe wie auch zur Aufhellung
dieser Strafe mussten Hakan und Jaqui heiraten. Eine Ehe
mit genau einem Bestimmer und Jaqui, dem Ri-Ra-

Rasse-Weib. Hakans Eltern drehten an der Unterbringung
des Paares. Das Paar wurde in der Otto-Suhr-Allee
untergebracht. Als Hochzeitsüberraschung schenkte *er ihr*
einen Hochzeitsbrauch. Kredit für eine Waschmaschine,

Kredit für einen Frühlingsmantel, Kredit für eine Reise
nach Kreta di Mallorca. Die neue Wohnung
roch satt nach Farbe. Jaqui hatte was übrig für Langeweile
und wusste Bescheid. Nie würde Hakan sein Handy

oder sein Schlüsselbund in seiner in den Wäschekorb
gestopften Jeanshose vergessen. Das nun gerade nicht. Hakan
legte sein Zeug abends ins Flurregal, unter den Spiegel. Der Spiegel
vibrierte noch von jener Frisur, die Hakan am Tag

der Fledermaus ausprobiert hatte. Zerzaust, geordnet
und wieder zerzaust. Am Bindfaden entlang. Wieder
und wieder würde Jaqui in ihrer jaquihaften Zerstreutheit
Hakans Tempotaschentücher mitwaschen. Zerzaust,

geordnet und wieder zerzaust. Millionen von weißen
Flocken, die über schwarze T-Shirts herfallen. Am Faden
entlang zupfen und pflücken, jedoch stets auch gefasst sein
auf eine Brut Nebengedanken. Zupfen und pulen,

bis die Fingerspitzen anfangen zu bocken. Jahr um Jahr
pflücken wie eine beschissene Sklavin in einem Schinken
aus Hollywood. Witz am Stock, Baumwollfelder, und immer
1 Lebensweisheit im Voraus. Schon mit dreizehn hatte sich Jaqui

das Warten auf einen Vater und überhaupt einen Vater
abgewöhnt. Väterlicher-, d.h. charakterlicherseits
war Jaqui eine Halbwaise. Das soziokulturelle Halbwaisentum
galt zu dieser Zeit als völlig normal. Zugleich

begann die Epoche der Vatervergolder, der Flenn-
und Ersatzväter, der Winterferien- oder im Knast
sich zu ihrer Vaterrolle bekennenden, dadurch auf Strafmilderung
hoffenden, mit speziell abgerichteten Anwälten

sich einklagenden Erzeuger. In dieser Situation
hieß es spekulieren, was der Anwalt der Gegenseite
ausheckt. Ob er der Befragung des dreizehnjährigen Kindes
zustimmen wird oder eher darauf baut, dass die Zeit

vergeht. Ob er seine Fragen suggestiv, illukotiv, deskriptiv,
alternativ oder na- -iv stellen würde. In den ersten Wochen
ihrer Ehe erwachte Jaqui früher als Hakan. Sie durchsuchte
Hakans Gesicht nach einer Wünsch-dir-was-Wimper. Morgens,

kurz vor halb acht. Die Wimper in nassen, weißen
Schlaf eingepackt. Jaqui war eine zärtliche
Randaliererin.

II

Weihnachtsglanz; so tief verschneit lag die Stadt,
dass Jaqui nur nach Gehör fahren konnte. Nur auf ein fernes,
leises Läuten zu. Jede siebte Schneeflocke
war eine Obdachlose, eine alleinstehende. Attraktiv

wie ein Schneidezahn, der glänzt wie eine aus dem Mac
gebrochene Apfeltaste. Farbgebung rot, röter, nochmal
so rot. Bei einem Klimbim-Professor in Schöneberg
kaufte Jaqui einen Blechorden aus den Zeiten

der DDR. Abgeratzt zwar, aber das Motiv
und der Schriftzug waren gut zu erkennen: Ein Bergmann
mit Lampe am Helm, dazu der Titel *Banner der Arbeit,*
Gera 1981. Hakans Leute feierten Weihnachten

ausgesprochen berlinerisch. Viel Fleisch, viel Hollywood
und viele Kugeln am Tannenbaum. Die Geschenke
sollten sich bloß nicht wichtiger nehmen als die Begegnungen
innerhalb der Familie. Jaqui vertauschte eine der silbernen

Kugeln mit dem *Banner der Arbeit* von Gera. Die Treue,
der Grubenhelm, die Grubenlampe, des Schatzhauers
Angesicht. Dazu Rotwein, Rotweinsalz und Rotweinsalz-
flecken. Hakans Großvater Yilmaz, wohl wegen der Jahreszahl

’81, versank in längst vergangenen Sommern. Unter den Segeln
aus weiß leuchtenden, auf der Leine flatternden
Laken. Dort hatte Yilmaz Schreiben und Rechnen
gelernt. Ein gegen den Wundrand gekämmtes Pflaster

aus traumfrischer Minze in einem Kranz aus Schorf
überm Knie. Vom Toben am Strand mitgebracht. Das Wunderbare
und sein finales Co-Wunderbares. Als hätte man
das Auge eines sterbenden Elefanten in ein gütiges

Pottwalgesicht adoptiert. So war das damals
in den ländlichen Gebieten der Türkei. Später
und noch später wurde Yilmaz Soldat. Auf den Stufen
unter den Sternen in der Kälte die Sachen

zu waschen hieß aber auch, sie unter Schmerzen
wieder trocken werden zu lassen. Nachts überm Auspuffrohr
im Akkord oder auf dem warmen, zuckenden Bauch
und seinem von allen guten Geistern verlassenen

und allen erbeuteten Krankheiten still in die Mangel
genommenen Kameradennachbarbauch. Nach zwanzig Jahren
bei der Truppe wurde Yilmaz entlassen. Er schnitt
die Schulterstücke von der in Ehren ausgemusterten

Uniform und trug seine Ex-Armee-Klamotten
von nun an zivil. Beim Ziegenhüten, beim Brunnenbau
oder wenn er Hakans zukünftigen Vater (Jaquis
zukünftigen Schwieger- bzw. Ex-Schwiegervater)

zu den Verwandten nach Istanbul brachte. Die ehemaligen
Armisten erkannten sich immer und überall. Sie erkannten sich
auf dem Bahnhof an den zu Alltagssachen umfunktionierten
Uniformen. Die Rangabzeichen der früheren Offiziere

waren auf eine schonendere Art abgetrennt
als die der Mannschaftsdienstgrade. Hier schlampige
Zackenränder im Stoff, dort über die alten gelegte
neue Nähmaschinenspuren, die sich im besten Fall

miteinander vermählten. In Istanbul, der Stadt der zwei
Bosporusse, ging Hakans Vater mit seinen Cousins
ins Stadion. Galatasaray gegen Besiktas, Besiktas
gegen Fenerbahce, Fenerbahce gegen Galatasaray. Manchmal

war das Spielfeld so klein, dass sich die Strafräume
in der Mitte des Platzes berührten. Vor dem einen Tor
eine Pfütze voller Gefahren, voller Schlamm – ein richtiger
Infektionsherd. Wie sein Vater und sein Großvater

ging auch Hakan eines Tages ins Stadion. Der Junge
erlebte Momente, wie er sie später nur noch selten erlebte
– und wie sie ihm keiner je wieder wegnehmen kann. Fußball
nach dem Kalender der Eidechse, des eingeschneiten Besatzers,

der gesellschaftskritischen Bardame … psst. Hakan erwachte
davon, dass der Mond seine überschüssigen Kalorien
in einen umherirrenden Müllsack eingravierte. Kalorien
von der Kalorientauschbörse für Männer. Auf der nicht die Augen

sich an das Dunkel, sondern umgekehrt die Dunkelheiten
sich an die Augen, die heiseren Stimmen und die Rum-
fuchtelgesten gewöhnen. Nie sollte man etwas androhen
oder als Belohnung in Aussicht stellen, wenn mans

dann gar nicht einlösen kann. Tricks dieser Sorte
werden sofort durchschaut. Selbsternannte Stärke
schlägt um in Schwäche. Der Mond wollte Hakan ein Geheimnis
anvertrauen, konnte sich aber nur ungenügend

ausdrücken. Hakan lauschte in die Nacht und konnte sich
noch weniger ausdrücken. Wo war Jaqui? An welchem Punkt
ihres heißen, rassistischen Körpers war der Flugschreiber
in die Tiefe gesunken? Hakan versuchte mit dem Cursor

das Eingangsbriefkuvert von der anderen Seite
zu öffnen. Plopp: Ein als Holländer Verkleideter
zog beim Tanzen den Bauch ein und machte sich leicht
zwischen den Augen. Braune Augen schauten in blaue

Augen und staunten. Vorne links auf dem Tisch
ein zweifaches Knistern von weißem, wie unberührbarem
Schaum. Als ob das große Bier dem kleinen was vorsingt. Tanzte
der Holländer etwa mit Jaqui? Hatte er, nur mit dem Taschentuch,

über Nacht einen Teich angelegt? Wollte er diesen Teich
in jene letzte, in die Mensch-zu-Mensch-Zone
importieren? Manche Männer erkennen sogar von hinten
(an ihrem Gang, ihrer Figur), ob eine Frau

auch ein schönes Gesicht hat. Sie schließen von den Beinen
auf die Wangenknochen, vom Gesäß auf die Augen. Manche
Männer sind Checker. Manche Gedichte, laut einer Studie,
sind verkappte Romane. Am Ufer des Teichs, im Gras,

brannten Lampions, und im Schatten, auf einer künstlichen Insel,
wehten die Flaggen der zum Kuss angemeldeten
Männer. Es war ihnen gestattet, sich der Prinzessin
zu nähern. Die Männer schenkten ihre Essen- und Getränkebons

ausnahmslos Jaqui. Wein, Lamm, Couscous, Limonade,
Kaffee, Desserts. Hobbyköche aus 13 Nationen
boten Mahlzeiten, Drinks und diverse Nachspeisen
aus aller Herren Länder an. Es gab, zwischen den Köchen,

versteckte Duellsituationen. Die Bons für das Essen
hatten eine andere Farbe als die für das Trinken. Hakan
musste das Kuvert wieder schließen und clicte
eine zweite Briefmarke drauf. Die Briefmarke

war wohl vor Jahren schon einmal angeleckt worden. Sie roch
nach einer Schlaftablette. Niemand tanzte. Rauchschwaden
wehten in Lautsprecherboxen. Es war eine Briefmarke
zum Gedenken an einen deutschen Dichter anno

Obwohl ich der tiefste Grund deines Glücks bin,
möchte ich nicht mit dir tauschen. Liebste,
nimm bitte immer die Pille – nur eine halbe jeweils,
gegen Zwillinge.

Die Essen- und Getränkebons verloren Punkt Mitternacht
ihre Gültigkeit. Die Köpfe rückten halbe Stunden
weiter. Viel Zucker, wenig Milch; Licht. Gegen Mitternacht
war der Mond in seinem Element. Das Element des Mondes

ist weder das Dunkel noch der Glanz. Das Element
des Mondes ist extra das Alleinsein. Jaqui stieg in einen
Buchstabenfahrstuhl voller Ausdünstungen. Jaqui erschöpft, Jaqui
verwirrt, Jaqui wählerisch. Bitte 1 Glas Mineralwasser,

das zur Hälfte nach Sprudel, zur Hälfte nach Weichmacher
schmeckt. Der Geschmack von Weichmacher war bei Jaqui
in seinem Element. Jaqui hilflos. Das mit Hakan und ihr
strengte einfach nur noch an. Sie musste mal raus

und ging also zu diesem Klassentreffen. Ewige Jugend,
flüchtiges Alter. Frühaufsteher-Husten. Aber in Wirklichkeit
hatten sich die Kindergesichter von damals
noch nicht mal in aufgeschwemmte Erwachsenen-

Fressen verwandelt. Schlimmer. Jaqui erschrocken:
Die meisten konnten gar nicht mehr lächeln, sondern
mussten sich sofort ausschütten vor Lachen. Thorben
hatte den Fledermaussarg mitgebracht. Die Fledermaus

inzwischen verpuppt – im Stadium der Verpuppung,
der Überlappung. Ansonsten waren viele Schulkameraden
auf eine familienfreundliche Art und Weise
stayfriendssüchtig geworden. In ihrem Element. Deshalb

erkannten sie sich ja alle gleich wieder. Thorben fragte Jaqui
nach Hakan. Chemielehrer Bradenbach längst und in vorbildlicher
Sterbehaltung gestorben. Bullshit; kastrierten Bullshit
nennen wir Ochsshit. Claudia Bork hatte immer noch Brüste,

die wie zwei von außen nach innen gewanderte Arm-Stummel
mitfeierten. Man musste betrunken sein, um daran
vorbeizusehen. Trotzdem wunderte sich Jaqui,
dass die Abiturienten aus ihrem Jahrgang

jetzt so materiell eingestellt waren. Manche aßen kein Mal,
manche hingegen zwei oder gar drei Mal am Tag
warm. Es gab Allesfresser und Allesträumer, Alles-
hasser und Allesheimkehrer. Nein, in den Fledermaussarg

passt Herr Bradenbach beim besten Willen nicht mit
rein. Die Frauen erzählten von ihren durch Hundescheiße
gezogenen Rollkoffern, von ihren Unterleibsmelancholien
und vom Gesang der Grille im Sommer. Gemeinsam

ein Kind auszutragen, das wäre schön. Ein Mädchen,
eine richtige kleine Dame, steigt in einen in Ungarn
gebauten Gelenkbus. Hockt sich in die Ziehharmonika, schwänzt
Weitsprung und Ausdauerlauf. Eine Musike erklingt

– in der Kurve, im Innern des Instruments, so zart
in die Zwischenräume geschnitten. Der Fahrer jagt eine Bö
weißen Sandes durch Ikarus' Omnibus: »Du, du und du,
alle mal herhörn. Wer zwanzig alte Schnipsel aufliest,

bekommt einen neuen. Die Verkehrsbetriebe spendiern
einen Tag in der Harmonika.« Lachen ringsum, Baby sagt
Ommibus, Baby sagt *Monika*. Momente, die dir keiner
mehr nehmen kann und sowieso nicht nehmen will. Umgekehrt:

Sie wollen dich alle beschenken. Nimms dir, greif zu. Ein Geschenk
ist etwas, das man in Geschenkpapier taucht. Von dem man den Preis
abkratzt. Zapf dir von einem Weidezaun, von einem Trafohaus
ein paar Gratiswattstunden ungewaschenen, abgestandenen

Stromes. *Hier Hakan hier Hakan: Rufe Jaqui rufe*
Thorben bin auf Empfang warte auf Antwort warte auf ... psst. Claudia
zeigte nun Fotos von ihrem Sohn. Der Junge
sah seiner Mutter beängstigend ähnlich. Als wäre er

allein Claudias Liebe und ihrer lang gehegten
Idee, ihren erziehungsberechtigten Freuden und Pflichten
entsprungen. Wie eine Tag- und Nachtgleiche gibt es
eine Gleiche von Mutter und Sohn. Als hätte der Junge

keine Verwandten sonst. Als würde er mit Stöcken
nach in Bäumen vergessenen, darin eingewachsenen
Bällen werfen sonst. Er hatte wie Claudia diesen Zug
um den Mund. Als würde er die ausrangierten Schälküchen

modernisierter Gaststättenkomplexe nach einem irgendwie
noch verwendbaren Napf für seinen Fantasiehund
durchstöbern. Das Tier durfte in das Restaurant sonst
nicht mit hinein, brauchte aber dringend etwas

zu trinken. Auch Jaqui hatte sich sonst immer
ein Kind gewünscht. Sie hätte es mit, ohne, gegen oder an
Hakan vorbei großgezogen. In den Grundschuljahren
ihrer Tochter, so malte Jaqui sich aus, würde sie oft

hospitieren. Sie hatte, in ihrer eingebildeten Mutterschaft,
Unterrichtsbegleitsehnsüchte. Sie wird die erwachsene
Freundin der Freundinnen ihrer Kleinen. Obwohl sie
vom Mitschreiben befreit ist, wirkt sie kein bisschen

ausgestopft. Bald schauen die Kinder öfter nach hinten,
zur hospitierenden Mutter, als nach vorn, zur dienst-
habenden Lehrerin. Wegen des Fachkräftemangels
übernimmt Jaqui den Stoffkomplex *Fahrrad*. Nasser

Dynamo auf nassem Reifen – das ist ein Sonderfall, das
ergibt gar kein Leuchten. Das flackert, als ob du beim Fahrrad-
fahren im Regen, in der Dunkelheit … hinkst! Nasser
Dynamo auf nassem, schwarzem Pneumant. Die Luftpumpe

an einem Strick auf dem Rücken wie ein Indianer
seinen Köcher voller Feuerpfeile. Schwimmen
und Radfahren verlernt ein Mensch never. Nie. Jaqui
teilt gleich noch Buntstifte aus und schmückt das Klassenzimmer

zum Fasching. Die schon mit zehn von der Altersarmut
bedrohten Melanie, Bengt und Manuela erscheinen
ohne Kostüm. Tragen ihre Straßenturnschuhe, gehen
als Sportler. Bekommen aus Mitleid und auch zur Ermutigung

den Preis für die schönste Verkleidung. Jaqui, »die Ungelernte«,
ist die gerechteste Lehrerin ever. Träum weiter. Jaquis
Platz ist und bleibt die Verkehrsdelikte-Anhörungsstelle, Abteilung
Ausreden und Lügen. Ganztags sirupartige Telefonate:

»Zu Dutzenden kamen die Inder ...
... wie sie so saßen u. lamentierten ...
der Dreck von Berlin stand ihnen prima
der Lärm von Hamburg war ihnen vertraut ...

diese Inder gaben eine friedliche Clique ab
u. trugen mehr Turbanstoff auf dem Kopfe
als ich Meter Schlingschlangdarmes im Leibe.
Dharam, Inamur, Rajiv, Jagit u. Maya

wurden als Computerspezis gebraucht
u. lehrten mich Tastenkombinationen so unglaublich fremd
wie Gangesdelphine es sind für unsereinen oder die schönen
Hautabschürfungen meiner Lieblingsinderin Maya: Alt plus

Entf plus Strg plus F 7 plus Umschalt plus QWERTZUIOPÜ
– sie selbst allerdings schrieben ihre Briefe per Hand
... vielleicht kehren wir nie mehr nach Hause zurück ...
... Fliegen ist teuer ...

und wer nimmt schon die transeuropäische Eisenbahn ...
– wohl wahr; sie mussten sich
ein zweites Standbein aufbauen
u. verkauften Schwingelefanten aus Elfenbein

mit einer Rüsselspitze aus Alabaster
mit Ohren deutlich kleiner als die
die der afrikanische Schnitzer am Nebenstand
seinen Elefanten verpasste. Eines Tages

(ehe der Würfel den Zufall tilgt,
über dem Warten krank werden
hieße ja altern, sterben)

sprach uns ein sächselnder Händler an
u. orderte eine ganze Elfenbeinherde
für das weltberühmte Mittsommerfest
Ende Juni in Dresden-Loschwitz.

Also fuhren wir gemeinsam nach Elbflorenz
die sieben Inder u. ich, ein Dolmetsch in Frack und Zylinder.
Hui, wir machten bei hundertzehn Sachen
extra die dritte Spur auf

u. überholten den vor uns fahrenden Wagen u. ließen
uns wieder von ihm überholen u. zogen erneut
an ihm vorbei u. ließen uns erneut
von ihm überholen bis dass

die Inder alle einen Lachkrampf bekamen
u. mich, der ich nur aus Sicherheits-Gründen
mich mit im Wagen befand, kurz vor Dresden
damit angesteckt hatten.« Jaqui, um ihre Kinderlosigkeit

zu überspielen, erzählte Geschichten. Die Banknachbarn
von einst lachten abspenstig in ihre Gläser, Tassen
und Teller. Messer, Gabel und Loschka Löffelchen
mimten dazu die heile Familie auf Reisen. Bei

»heile Familie auf Reisen« wird selbstverständlicher
Kleinkram auf demonstrative Art breitgewalzt. Mama
Gabel küsst Papa Messer vor Löffelchens Augen
sacht auf den Mund, auf die Säge, und sagt: »Mülleimer?

So etwas gibt es nicht in einem Flugzeug. Wirf es
irgendwo hin ... wo es niemanden stört ...« *Zisch, knack,*
rausch. Hoch in den Wolken schäkert der Co-Pilot
mit der Chef-Stewardess über den Bordfunk. Das Wetter

am Zielort ist eine Chiffre für Sex. In einer Boeing 777,
im Altertum der Gefühle, in den Altertümern und den darin
eingeschlossenen Grübeleien. Loschka Löffelchen fliegt.
Und fliegt. Und fliegt. Und hat schon einen Muskelkater

vom Lange-angeschnallt-Sein. Loschka Löffelchen staunt:
Ein rötlicher Streifen am Horizont, das ewige Eis, die end-
losen Schneeflächen, der tiefblaue Himmel. Die Welt
schimmert, als wäre sie umgetauft, als wär sie von denen,

die darüber hinwegfliegen, gerade frisch eingeweiht
worden. Im Erwachsenenland – Löffelchen träumt –
gibts garantiert ein paar stramme Pullover. Die warten
und zappeln, die wollen was erleben! Zum Glück

hat Löffelchen chice Klamotten dabei, Eierbecher
und Fummel, weil, in der Einheitskluft siehste doch aus
wie gehänselt. Am besten gleich die Schmuse-Runde
und nicht lange gefackelt, nicht lange gefragt, nicht lange

rumgebarmt. Glaub mir mal, Messer, die hinter der Grenze,
die sind freier im Umgang, die sind mutiger als die
bi uns to Hus! Stunden später über einer schmiedeeisernen
Küste: Die Stewardess reicht Suppe und Brötchen, Loschka

klappt nicht mal das Brett aus. Das einzige, was er hier oben
verträgt, sind die schwarzen Pastillen, deren sämige
Spur, ein braun-gelber Belag, ein Pelz, nach dem Lutschen
für Stunden auf den Zähnen zurückbleibt. Loschka

Löffelchen darf höchstens drei Pastillen auf einmal
einwerfen. So viel Beherrschung muss sein, denn wo so viel
Beherrschung ist, da vergeht auch die Zeit, die sich zwar nicht
kleinreden lässt, und schon gar nicht mit Messer, aber die man

vielleicht übersteht, indem man nun doch das Tischchen
ausklappt und den Kopf auf die Arme legt, obwohl
man auch so nicht eben bequem sitzt und nicht
einschlafen kann, fuck. Löffelchen hat Muskelkater vom langen

Die-Luft-Anhalten. Vom: Die-eigene-Jugend-Spüren. Messer
derweil denkt sich einen Brief aus, einen Entwurf. Als Vater
in deinem Sohn was erreichen zu wollen, ist riskant. Als Vater
bist du immer mit-schuldig, schuldig, wenn dein Sohn

es nicht schafft. Einer von tausend, 1 Sohn von tausend
Söhnen wird das Leben seines Vaters auf die Sekunde genau
wiederholen. Aber die anderen … also
ich sage nur: *Mit der stumpfen Seite tut es*

noch mehr weh. Alles, was als Sohn für dich spricht,
wendet sich, wenn du selber ein Vater bist, plötzlich
gegen dich, zack. Der Herr Sohn will auf dem Fußboden
schlafen. Eine Plastetüte soll ihm fortan die Schulmappe

sein. Dabei hat er eine von diesen Stimmen, in denen
alle wichtigen Vitamine drin sind. Er könnte Nachwuchs-
sprecher bei einem Jugendsender werden. Könnte
die Morning-Show moderieren. Wieder und wieder

habe ich ihm den Unterschied zwischen einem Spaßpassbild
und einem Bewerbungsfoto erläutert. Dass es nicht gut aussieht,
wenn aus dem Mund zwei durchgeschnittene Bremsschläuche
ragen. Das *Fotostudio Wiedhöfft*, hier gleich bei uns um die Ecke,

ist für alle Hauttypen und alle Augenfarben
geeignet. Manchmal frage ich Loschka: »Was bedrückt dich,
mein Großer?« Er verbringt ganze Tage am Rannischen Platz,
raucht eine nach der – und tut so, als ob er verabredet

wär. Gabel reagiert darauf mit noch mehr Liebe
und noch mehr Verständnis. Im Urlaub zählen sie einer
beim andern die Mückenstiche. Um mir irgendwas
zu beweisen. Dreiundzwanzig, vierundzwanzig –

Mama, Weltrekord. In einigen Orten waren wir sogar
zweimal. Sie widmen sich ihre Mückenstiche
gegenseitig. St. Jean de Luz zum Beispiel, französischer
Atlantik, zweimal im Abstand von vier Jahren. Madame Gabel

liebt das Wiedererkennen. »Guck mal, das ist der Laden,
da hab ich mir damals diesen Armreif gekauft. Nur eine Kleinigkeit –
doch wär ich ohne sie verreckt.« Die Hitze über den Steinen,
das Licht aus Tusche und Lack; man muss sich hier langsam

bewegen. Atlantischer Sand klebt am Badetuch. Ein Lodern
in unseren Körpern, unsren Gedanken, wir haben im Urlaub
immer diesen Erreger im Blut. Ich liebe Gabel für ihre
unkonventionelle Stimmung am Morgen. Wir vögeln

wie von ungefähr. Manchmal schreibe ich eine Ansichtskarte
an Jaqueline, die alle nur Jaqui nennen oder Jack
oder (Jack rückwärts gelesen, d.h. an der Hotelbar
gebeichtet) Kcaj oder, wie sie im Osten zu sagen

und zu schreiben pflegen: Kai. Kais Mutter war in den Aufbau-
und Umstrukturierungsjahren bei mir im mittleren
Kader. Meine Memos registrierte sie dienstlich, mein Lächeln
privat. Bis heute schätze ich sie als eine Frau,

deren Leben beinahe ganz anders verlaufen wär. Mit einem Schwips
im Kopf konnte sie auf Malerleitern über Promotions-
flure stelzen. Aber das mit ihr war zu keiner Zeit
gegen Löffel und Gabel gerichtet. Man muss diese Geschichte

als speziell schwierige Laune des konkreten Alltags
begreifen. Die einen sagen Gastgeschenk, die anderen
Souvenir. Die Frauen aus Leipzig, Dresden oder Rostock
hatten alle eine solide sportliche Grundausbildung. Besser

als bei uns die Soldaten. Trotzdem, meine Leute und ich, wir mussten
den Osten damals einschläfern lassen. Die großen
Fruchtfliegen wurden zwar stets satt vom Pimpern, aber die kleinen
nicht mehr vom Fressen. Sie haben sich gegenseitig

zermürbt. Die in Zingst z.B. hatten immer Muskelkater
vom Bündel-Zeitungen-zum-Altstoffhandel-Bringen. In Zingst
waren sie solidarisch. Vom: In-der-Weitsprunggrube-Mond-
Besteigung-Üben. Vom: Bei-der-Fahne-einen-Vize-

Daumen-Schmieden. Ein Tag Fruchtfliegenbiographie
entspricht nun mal der Dauer von sieben Bahnen
Menschendasein. Kai ist mit einem Türken liiert
und lebt ihren Stiefel. Ich habe versucht, an ihrer Mutter vorbei

eine Lösung zu finden. Es gab Perspektiven, die Loschka
Löffelchen jetzt ganz alleine aufbraucht oder
aufbrauchen könnte. *Hallo?* Kai sitzt beim Klassentreffen
und wird von allen, außer von Heiner, sturhin

Jaqui genannt. Jaqui trinkt Schnaps aus einem Glas, in dem vor Stunden,
vor Jahren Saft drin war. Sie hat sich in den Kopf gesetzt,
auch nach so langer Zeit niemals mit Heiner zu schlafen. Auch
nach so langer Zeit niemals mit Heiner zu schlafen. Jaquis heißer,

rassistischer Körper, der voller Körperbeherrschung
steckt. Manchmal wirkt das gekünstelt. Aber darum
geht es hier gar nicht. Heiner hat noch in keinem
weiblichen Wesen seine Erkennungsmelodie

hinterlassen. Er ist zu lange Fettsack gewesen. Betäubt
im Betäubungszeitalter ist er der, der unter
der Klimmzugstange mit den Beinen strampelt. Wenn Heiner je
mit einer Frau ein Liebespaar gründet, dann höchstens

mit Jaqui. Der das Seitenstechen der Fledermaus
übersetzt in Bruttonettolautstärke, in ein Haus, eine Firma
zur Umerziehung seiner ehemaligen Mitschüler. Sollte
die Umerziehung allerdings fehlschlagen, bliebe bloß noch

die Auswilderung in den Kral, in den Elferrat, in Meyers
Lexikon oder Schmidts Katze. Verfeindet sein
heißt in diesen Zeiten doch nur, einen Grund mehr zu haben,
um miteinander auf Sauftour zu gehen. Heiner hatte den Schmerz

und die Chuzpe der Fledermaus übersetzt in eine Geschäfts-
idee. Nun würde er Jaqui zur obersten Aufseherin,
zu einer Unterstufenlehrerin für Erwachsene
befördern. Irgendein Kater schleppt immer irgendein Reiskorn

in irgendeinen Salzpalast. Das ist das Elend. Weiter,
weiter, weiter. Als die ersten dann bezahlen wollten,
war schon alles bezahlt. Essen, Getränke, Dave Dee, Dozy,
Beaky, Mick & Tich – das ganze Revival und sogar die Flotte

der vor dem Restaurant in Reihe wartenden Taxis:
Alles schon bezahlt! Thorben und Claudia begannen
vor Freude zu hüpfen, zu tanzen wie bärische ... bäurische
Russen. Wie Arbeiterbauern, denen der Dauerfrostboden

die Leber wegbrennt. Mit Abstand das Schönste an unserer
Schulzeit waren Jahre später diese Klassentreffen,
die uns keiner mehr nehmen kann. Ob mit oder ohne
Blaulicht, ob mit oder ohne Taxameter, ob aus richtig

oder aus falsch verstandenem Stolz: *Alle Rechnungen sind schon
beglichen!* Nicht wie man sein Geld verdient, sondern
wofür es ausgibt. Heiner war reich auf eine Art,
die jedem von Selbstbewusstsein erfüllten Menschen

in seiner Nähe unweigerlich einen Charaktertest
abverlangte. Zur Aufhübschung des Klassentreffens hatte Heiner
ein Ensemble von jungen Harfenspielerinnen
gechartert. Die drei Harfenistinnen begannen ganz leise, wie

drei Morphinistinnen mit elektrisch ausgeleuchteten
Tonhöhengedächtnissen. Zart, aus blauen Bodenschätzen
wuchsen zarte Flammen. Wuchs eine Musike, die sich dehnte
und dehnte als Schwingung ohne Refrain, als Umkehr

ohne Wendepunkt, als Melodie ohne jene entscheidende
Stelle, die man später hätte nachsingen oder -summen
können. Hinüber in eine von Heiner bewachte
Vergangenheit, in eine Jahreszeit, die schon sehr alt,

aber immer noch rüstig war. Eine solche Stimmung
kann man – es sei denn, man will freiwillig verrückt werden –
nur mit Musike ertragen. Der Abend endete
mit einem Befreiungstanz im kleineren Kreis. Jeder leerte

vor sich seine Taschen (Schlüssel, Geldkarte, Feuerzeug)
und gestand seinem Nachbarn, was er an ihm schon lange,
seit dem Gymnasium eben, verabscheut. Nebenher
bugsierte ein Kran die Harfen in die Harfengarderobe. Eine Harfe

am Kranhaken schwebend über einem von dreißig Schul-
kameraden gemeinsam ausgepinkelten Lagerfeuer –
auch so etwas sieht man selten. Das Pulver auf dem Flügel
eines durch die Nacht taumelnden Falters schimmerte

silbern wie der Schatten auf dem Lid der leitenden
Harfenistin. Heiner hatte der Fledermaus eine Geschäftsidee
abgelauscht. Ausgehend von ihren natürlichen Eigenschaften,
ihrem Talent zur Reflexion, hatte er ein Gerät

zur Abwehr anschwellenden Lärms entwickelt. Hatte geforscht
mit dem Finger im Ohr, in der WG, das linke Bein zu-,
das rechte aufgedeckt. Nicht das Schweigen, sondern der Krach
der anderen modelliert die voll umfängliche Einsamkeit. Jedes

übersteuerte Wort und jeder Elfmeterpfiff, jede
auf die Lamellen geplättete Drum'n'Bass-Ewigkeit und jede
von Püppi in Schnapp-Atmung hinausposaunte,
als Wiederbelebungsversuch deklarierte

Erledigung auch des sexuell ungewöhnlichsten
Autogrammwunsches. Heiner schlief acht Stunden
pro Nacht in Etappen von jeweils sieben Minuten. Die spontanen
Feten sind immer die schönsten. Heiner, um sich zu wehren,

hatte *Das Antiphon* erfunden. Vom Design her eine Kreuzung
aus Satellitenschüssel und Grabstein. Rund um die Uhr
überall einsetzbar. Lärm ist die einzige Sorte Dreck,
die man nicht wie einen Haufen alter Münzen

ins Meer kippen kann. Lärm taucht wieder auf, schwimmt
sogar in Klamotten, mit Holzgewehr in der Hand
und Übungstornister auf dem vollgesogenen
Rücken. Hohe Frequenzen versucht man im Schlaf

in einen Traum einzubauen. Man muss sich die Ohren
verstopfen und bis zum Meeresgrund fliehen. Hinab
zu den Münzen, die schon Rost ansetzen. Im Trommelfell
Narben, Nerven aus Glas, Schlingerkurs, taub

wie ein Taucher. Silvester ist es am schlimmsten. Gott,
du da oben, schick Hagel und Sturm. Andererseits
kann laute Musik ja auch schön sein. Wenn sie wie ein Pfiff
in den Alpen Lawinen auslöst oder im Sommer

über der Stadt ein von der Hitze bestäubtes
Gewitter. Ab sofort regelt das alles *Das Antiphon*. Batterie-
betrieben und sogar von Pilates für recht und billig
befunden. Die Bedienungsanleitung in leichter

Sprache: Schirm aufspannen, Gerät einschalten
und auf die Lärmquelle richten. Lärmquellerei ggf.
bei geöffnetem Handschuhfach (falls mit PKW
unterwegs) nochmals aus dem Störpegel raus in das eigene

Schnitt- und Effekte-Programm transportieren. Jetzt
loopen, duplizieren, komprimieren und zurück
an den Absender. Es ist schwieriger, einen qualvollen
Gedanken oder einen verborgenen Schmerz nur kurz

zu streifen, nur flüchtig anzutippen, als ihn sich ganz
zu verbieten. Akustischer Brei brandete durch die Wände
oder über den Gartenzaun, der oft ein Flatterzaun
war. Heiner und seine Widersacher trafen sich

an höherer Stelle, vor Gericht, aber zuletzt siegte
Das Antiphon. Schenkte es doch nur das zurück, was
der Lärm-Verursacher seinerseits ausgesandt hatte. Der Ein-
Mann-Betrieb expandierte. Heiner kam noch nicht mal dazu,

die bewilligten Fördermittel abzurufen. Ohnehin vertraute er nur
sich selbst. So viel Beaujolais schafft nämlich kein Mensch,
als dass er alle Menschen um sich herum mit seiner Verachtung
anstecken könnte. Heiner brauchte Leute mit Englisch-

kenntnissen für den Vertrieb, Schrauber und im Forschungslabor
Ingenieure. Leute mit Ohren hart an der Grenze
zum Mineralischen. Lohnkosten keine Rolle. Norweger,
Taiwanesen und Spanier orderten Stückzahlen

ab eintausend aufwärts. Thorben überlegte hin und her,
ob ihm, als einstigem Fledermausfledderer,
nicht eine Gewinnbeteiligung zustand. *Ohne mich damals*
auf dem Schulhof – hier und heute kein Antiphon. Oder

ob der Fledermaussarg sonst noch Geldverdienmöglichkeiten
barg. Thorben begann in der Endfertigung, Claudia Bork
im Bereich *Reisekosten, Spesen und Löhne.* Claudia, stolze
Finanzerin. Auf ihrem Schreibtisch, eingeschliffen

ins Glas, das Credo der Antiphonier: *Das Antiphon:*
Mit Lärm-zurück-Garantie. Alle Beschäftigten
verdienten achttausend brutto im Monat. Das Betriebsklima
lebte von der Gleichberechtigung.

III

Der ehemalige Klassenkamerad sollte sich bei ihm
melden, der jetzt schlechter dastand als früher. Zur dritten
Jahresbilanz fuhr Heiner mit Jaqui nach Frankfurt. Er hatte
seine Gewinne in Gold angelegt. Was ist Gold? Wie

groß ist solch ein Barren, wie fühlt er sich an? Die meisten
Goldeigentümer kennen ihren Bestand nur als Vermerk
auf der Depoturkunde. Heiner und Jaqui stiegen
in einen Lift, eine Kabine aus Glas, die in waage-

und senkrechten Bahnen durch die Gänge unter
dem Bankhaus schnitt. Bei Station 17/14 wurden sie schon
erwartet. Ein Kundenbetreuer führte sie
in den Tresorraum. Ausgerechnet in diesem Raum

hingen Bilder von halbbekleideten Damen. *Dumm f. gut*
muss noch lange nicht heißen, dass klug schlecht f. Auf dem Tisch
lag Heiners Gold, Formatbarren, darin eingeprägt
Hersteller und verbrieftes Gewicht. Das Gold in Zellophan

eingepackt, so dass es knisterte, königlich, als Heiner
die Barren vor sich aufstapelte. Dreißig Minuten,
im Hintergrund der Herr von der Bank, der die ganze
Zeit schwieg. Jaqui blieb an der Tür. Das Gold war gar nicht

so glatt, wie Heiner angenommen hatte, und es war
auch nicht kalt. Es wirkte neutral. An den Wänden
Kunst der Moderne, Gemälde; die Banken sammeln das ja.

IV

Viel Geld sieht ganz normal nach viel Geld aus. Manchmal
zog Heiner über Nacht einen weißen Kreis um einen Bürostuhl
oder eine Montagebank. Dem hier tätigen Kollegen war somit
gekündigt. Die Produktion lief in drei Schichten, im Modus

maximus bei personengebundener Hochsteuerung. Digital,
mit Jaqui als *Executive-Dispatcherin-One*. Leistungsschwächere
Mitarbeiter wurden zunächst in die Kantine versetzt. Claudia
traf es als erste. Ihre Arbeitsgeräte waren von nun an

ein schwarzer Filzstift und eine Lesebrille. Claudia
musste auf den Wurst- und Käsepackungen das winzig
klein eingestanzte Mindesthaltbarkeitsdatum groß und fett
wiederholen. In Heiners Firma sollte sich niemand

die Ohren, tendenziell auch nicht den Magen verderben. Schwitzen
genau wie Gewitter – beides ist für Esswaren Gift. Bullige
Nullen neben sperrig verhakelten Vieren neben
schüchternen Sechsen und Neunen. Claudia Bork

hatte eine von diesen Kinderhandschriften, die noch
als Erwachsene nur bis zum Einbruch der Dunkelheit
draußen spielen dürfen. Patrick (Spitzname Picasso),
Malwunder und in der 11b Klassenfest-Organisator,

sollte den Speisesaal ausgestalten. Heiner liebte die Kunst
eines Edward Hopper. Landschaften der amerikanischen
Seele. Hier vor allem die *Nighthawks*, big city light,
1942, drei Menschen trinken nachts Kaffee. Drei

Tassen ohne Untertasse, typisch New York. Von den drei
Gästen sieht man den einen bloß von hinten. Patricks
größte Herausforderung war Jaquis Kinn. Die beiden
Haupthawks, Mann und Frau, scheinen gelangweilt oder

bedeutungsvoll miteinander zu schweigen. Er schlank,
vornehm gekleidet, die Augen zwei Schlitze; sie
im roten, kurzärmligen Kleid, geschminkt, Haarfarbe
Kupfer. Eine langstielige Blume mit nackten

Ellenbogen. Diese Bar befindet sich in der Greenwich
Avenue. Nicht bedeutungsvoll oder gelangweilt;
unsicher. Halb heruntergelassene Jalousien im Haus
gegenüber, Tresen und Kleid beinahe gleich rot. Claudia

wurde langsam verrückt. Statt der Mindesthaltbarkeitsdaten
für Geflügelsalami oder Edamer malte sie schwarze
Kreuze auf die Verpackung. In New York ist es jetzt
Mitternacht, und ein Mann, der zu dieser Zeit, an diesem Ort

Kaffee trinkt, behält seinen Hut auf. Vorsicht, ein Nighthawk
kennt allerlei Tricks. Er trinkt seinen Kaffee in kleinen,
melancholischen Schlucken. Die Lady, wir nennen sie
Jaqui, würde lieber mit einer Geschlechtsgenossin

hier sitzen. Einer, mit der sie das Feuerzeug
leerraucht. Aber viele Frauen sind ängstlich, in ihren Augen
flackern Hamsterkäufe. Auf Hoppers Bild fehlt etwas. Es gibt
gar keinen Aschenbecher. Das fällt dem Betrachter, wenn überhaupt,

erst im Nachhinein auf. Claudia begann nun auch daheim
die Lager- und Verzehrfristen auf den von ihrem Sohn
so geliebten Fruchtzwergen zu übertünchen. Dabei
trug sie dünne, im Innern mit einer Paste

präparierte Gummihandschuhe. Altklug lachte
ihr Sohn, jungdumm weinten die Zwerge. Sie zwängten sich
durch ein Gitter. Dagegen die Nighthawks – vierfach
vergrößert in der Kantine, mit Jaqui und Heiner

als Dame und Herr an der Bar. Jaqui in den Kopf
gesetzt, nur einmal im Leben mit Heiner zu schlafen. Heiner
reichte es schließlich mit Claudia, der nicht mehr
zu helfen war. Eines Morgens betrat sie den weißen

Kreis und nahm den Weg allen verdorbenen Fleisches.

V

Ist das ein Mac, auf dem *Antiphonia* entsteht, oder
ein Schrott? Also naja, ha ha, wonach siehts denn
aus? Claudia Bork ist ein Name, zu dem es
die Augenfarbe, das Warten, den Urlaubsgruß

gar nicht mehr gibt. Pusteblume. Eines Nachmittags
hat Claudia sich umgenietet. Ihr Oberarm
bunt wie ein Schlachtfeld. Sie wollte immer ein Tattoo,
das flimmert wie eine mit Filzstift auf die Haut

geschriebene, vom Regen, vom Leben wieder bis zur
Unkenntlichkeit verwischte Telefonnummer
mit dreizehn Ziffern. Aber keiner von diesen Stümpern,
diesen Möchtegern-Stechern, kriegte so etwas hin.

VI

Kat, mit dreiunddreißig: das Haar voller Festiger, im Gesicht
einen Kratzer. So, wie Gott sie schuf. Zuerst war sie
wenig begeistert. Nach wer weiß wie vielen Jahren
zog Heiner plötzlich mit dieser Frau ein: Jaqui mein Name,

Executive-Dispatcherin-One. Man sah ihr nicht an, was sie
dachte, aber sie dachte an etwas Bestimmtes. Beim Frühstück
waren sie jetzt immer zu siebt: Dad, Katarina, Jaqui, Mom, Moms
Kopfaua-Viech, Stefanie, Heiner. Dad hatte inzwischen

ein von seinem Besitzer verlassenes, feuchtfröhliches
Herz adoptiert. Dieses Sorgerechtherz war so groß
wie eine Pferdelunge, Marke Ehrlichblüter. Moms
Kopfaua-Viech kümmerte sich von Anfang an

um das Herz, wollte aber als Gegenleistung ein eigenes
Zimmer. Dort lief den ganzen Tag der Fernseher. Serien
aus einer Zeit, von der man dann nie wieder etwas
gehört hat. Jede Aussprache mit dem Viech mündete

neuerlich in einen Streit. Wer adoptierte hier eigentlich
wen. Das Zimmer des Kopfaua-Viechs gab es ein Mal
in echt und ein Mal als Modell, hundertzwanzig
mal fünfundsiebzig Zentimeter mal achtzig. Klein

wie eine Puppenstube. Ein Wohnstudio, das auf Knopfdruck
aus schlanken Düsen Löschwasser spritzt, also
sicherheitstechnisch auf jede Brandkatastrophe
vorbereitet ist. Vier AA-Mignon-Batterien

und ein herausnehmbarer Nachfüll-Tank im Liefer-
umfang enthalten. Jaqui war endlich geschieden
und feilte an ihrem Mädchennamen. Wenn sie angeheitert
von einer Party kam, wollte sie ihrer Adoptivfamilie

beweisen, dass sie trotzdem alles im Griff hat. Korrekt
nahm sie die Wäsche aus der Maschine oder
aktualisierte die Antiphonia-Firmenchronik
im Netz oder goss die Palmen auf der Terrasse

oder stieg mit einer Glühbirne in der Hand auf wacklige
Tisch-Stuhl-Konstruktionen. Jaqui wollte sich auch
mit Promille im Blut gut mit ihrem neuen Zuhause
vertragen. Aber Jaqui und Heiner haben sich selbst

in solchen Stimmungslagen niemals geliebt. Traurige
Liebesgeschichten erkennt man daran, dass letztlich
beide schuld haben. Aus Jugendsünden werden Altersflecken,
und wenn einem Gymnasiasten morgens etwas Schlaf

in den Augen klebt, so hängt er ihm dreißig Jahre später
zwischen den Fingern. Schlaf, der sich in Trauer verwandelt. Keiner
von beiden ist schuld, weil beide recht haben. Der Dad
zeigte regelmäßig Fotografien von seinen Herzkranz-

allüren. Emotionale Verwandtschaft geht über
gesetzlich geregelte Anteilnahme hinaus. Kat
litt von den drei Kindern am meisten. Sie ertränkte ihre Trauer
in Mitleid und nannte ihren Vater einen »bedauernswerten,

bloß noch auf seine Menschenrechte Reduzierten«. Infarkt-
veteranen sind nun mal immer auch Infarkt-
kandidaten. Der Dad hatte Katarina stets die seltsamsten
Geschenke mitgebracht. Einmal, von einer Reise nach Ústí

nad Labem, brachte er ihr eine Turnübung mit, etwas
Immaterielles. Für Heiner einen Bastelbogen von Spejbl
und Hurvinek, für Steff eine Tasse mit dem Stadtwappen
von Ústí, für Katarina eine Rolle rückwärts

mit Rausdrücken in den flüchtigen Handstand. Vater
turnte vor auf dem Teppich im Korridor, Mutter
und Steff applaudierten, Katarina sollte nachturnen. Wehe,
Heiner nannte Katarinas Rückwärtsrolle einen

Purzelbaum. In einer Familie wie dieser
bilden die Kinder seit jeher die Vorjury und die Eltern
die Jury. Heiner intrigierte gegen Katarina und brach sich
mit Absicht das Handgelenk. Wehe, einer von ihnen

bekam zum Geburtstag ein Fahrrad oder eine Play-Station
und die beiden Geschwister bekamen nicht auch
eine Kleinigkeit. Sie hätten geweint. Für Katarina
das in der Tatra getestete, trotz Leichtbauweise

spektakulär geländegängige Tourenrad. Für Steff
Das fliegende Klassenzimmer als Hörspiel und für Heiner
einen Stick in der Figuration der Sternenflottenfrau
Leutnant Uhura. Zu seinem siebzehnten Geburtstag

wünschte sich Heiner eine Sportbefreiung. Zu Weihnachten
und zum Geburtstag zusammen fürs letzte Schuljahr
eine Sportbefreiung. Mehr nicht. Heiner hatte schon einen Arzt
klargemacht und brauchte nur noch das schriftliche

Einverständnis der Eltern. Für Dr. Rudnick war das Ausstellen
einer Sportbefreiung Ausdruck seiner pazifistischen
Weltsicht. Eine Ohrfeige für die Herrschenden. In seine Praxis
kamen Langhaarige, deren innere Kraft von gescheiterten

Suizidversuchen herrührte. Und trotzdem – kein Attest
bei Kindern oder Jugendlichen gegen den Willen
der Eltern. Heiner bettelte nicht, er bat. Er hätte
sogar einmal pro Woche an der diätetischen Kassengymnastik

teilgenommen. Hauptsache, nicht an der Reckstange
verhungern vor den Augen von Jaqui, Hakan und
Thorben. Noch gar nicht so lange her das alles. Manchmal
weine ich nachts, weil ich mich bald von Katarina, Steff,

Heiner, Jaqui, Mom, Dad, Hakan und all den anderen
werde verabschieden müssen. Weil auch ich mich eines Tages
adoptieren lasse, zurück ans Meer, von dem ich ja
abstamme. Ich fahre im doppelt verplombten

Waggon wie Lenin zur Revolution. Von der Schwyz
über die Grenze in Richtung Norden. Was ist so falsch
daran. Was ist so falsch daran, sich nach Kräften
zu wehren. Warten macht müde und müde krank. Soll denn,

wer sich am Kiosk ein paar Blüten einfängt, damit
zur Polizeiwache rennen? Was hat er davon? Das Rebellentum
resp. der Umsturz erfordert bis auf die letzte Nachkommastelle
keinerlei Vorbildung. Mit den bolschewistischen

Wolken kann jeder, der wütend genug ist, eine Party
feiern. Thorben hat die Blüten einfach wieder
ausgegeben. Nur in kleinen Beträgen, mal einen Zwanziger,
mal einen Zehner. Blüten nach Zahlen, von Thorben

entworfen, dann zum Weiter-Ausmalen. Ich stehe in engem
Kontakt zu den Genossen und telefoniere jetzt täglich
mit Berlin. Es tut gut, vertraute Stimmen zu hören. Thorben,
Hakan und Claudia Borks Sohn sind auf der Agentur

für Arbeit gelandet, bei den Aufstockern. Der Versuch,
über den Prozess des permanenten Klassentreffens
ein verlässlich funktionierendes System von Neugier, Soli
und Selbstkritik einzurichten, ist gescheitert. Die Aufstocker

sind recht eigentlich die mit den Hustenflecken
in der Matratze. Dennoch zeige ich ihnen, wie man
einen Brückentag so geschickt faltet, dass er in einen
Briefumschlag passt. Das Menschliche erfüllt sich zuerst

im Zwischenmenschlichen. Die Aufstocker sind weiterhin
die, bei denen im Neubaublock unten mehr Keller
belegt sind als oben Wohnungen. Manche schaffen ihre Umzüge
nur noch halb. Natürlich gabs auch Momente. In freien Minuten

legte Jaqui ihren Kopf an Heiners Brust und ließ sich
das Trommelfell streicheln von Heiners Herzschlag. Und damit
genug. Die Firma *Antiphonia* wurde von einem Klassentreffen
zu einem zeitgeschichtlichen Museum umgestaltet. Obwohl

oder gerade weil der Aufstand der Aufstocker
noch gar nicht stattgefunden hatte und wegen der zugenähten
Hosentaschen auch nie stattfinden wird, galt er
als Sehenswürdigkeit. Touristen kamen mit Kanistern voller

Trinkwasser, das Hakan mit Tropfen unbedenklichen
Blutes vermengte. Insgesamt sollen Ausstellungsinhalt
und Ausstellungsraum einander ergänzen. Es reicht nicht,
die Wände weiß zu streichen. Weiße Wände verlieren schnell

ihre Neutralität und werden zum Kunstbefehl. In der zweiten
Etage geht es um die Liebe zwischen einem Antiphonier
und einer Aufstockerin. Es geht es um die Möglichkeit
solch einer Liebe. Die Aufstockerin zupft sich jedes

Wort einzeln aus den langen, schwarzen Haaren. Diese Verlegenheit
betont ihre Zerbrechlichkeit. Das Museum zeigt
eine Sonderschau. Die Besucher rufen *aha / oho* und tragen
Filzpantoffeln über ihren Straßenschuhen. Während sie laufen,

polieren sie das Parkett nach. Die Pantoffeln sind sowohl
schonende Hülle als auch Teil der Performance. PPP:
Primäre Pantoffel-Performance. Der Antiphonier
ist zwar Chef einer Firma, stellt sich aber (beim Sex) an

– wie der erste Mensch. Schade, dass sich der Antiphonier
und die Aufstockerin nicht ein paar Jahre früher oder
unter anderen Umständen begegnet sind. Die Aufstockerin
war dem Antiphonier schon untreu, bevor sie sich überhaupt

kennengelernt haben. Und deshalb träumt Heiner
von einem Haus, einem Museum, das die ganze Saison,
von früh bis spät, Museumsfasching feiert. Manchmal
gibt es Beschwerden, weil die Ausstellungspuppen

den Besuchern die Pantoffeln von den Schuhen pflücken. Aber
alle kriegen sich rasch wieder ein. Puschen sind genügend
vorhanden. *Rasch* ist so ein Wort, das man heute
nur noch selten verwendet. Zu viel Erinnerung

bei zu wenig Vergangenheit. Die Puppen in den Filzpantoffeln
ahmen Eisschnellläufer nach. Ahmen, nicht äffen. Sie gleiten
übers Parkett, sie breiten die Arme aus, sie wiegen sich
in den Schultern wie selige Falter. Na dann erzählt mal,

ihr Falter: Musealisierte Erwachsene werden wieder
zu Kindern. Musealisierte Apostel der Einsamkeit, Pantoffel-
tierchen, können gar nicht anders als lieben. Der Antiphonier
fuhr sich über die Stirn, täuschte einen Schweißausbruch

vor, nestelte an seinem Kragen. Litt. Heiner
schenkte ein, trank und schleuderte den Pantoffel
gegen die Wand wie ein am Zarenhof durchgefallener
Russe. Wo ist die Puppe? Heiner im Zustand der Betrunkenen-

zärtlichkeit. Wenn die Erde bebt, wenn das Museum
verrutscht – wohin flieht dann meine Puppe? Söhne
nahmen ihre Väter, Chefs ihre Angestellten, Frauen
ihre Männer, Ringer ihre Masseure, Hunde

ihre Halter, Kunden ihre Kundenbetreuer, und Schweine
nahmen ihre Züchter huckepack. Trotzdem müssen alle
zur Arbeit. Jeden Morgen dreht sich unterm Apfel
das Rädchen. Wie das hallt, wie das klingt, wenn Jimmi

Glitschi, der Mann ohne Unterleib, seinen Dreck
in die Festplatte ritzt. Viele Menschen schuften in Glasfiber-
labyrinthen oder auf Raufasergaleeren, obwohl
ihnen das gar keinen Spaß macht. Es ist an der Zeit,

diese Menschen zur Adoption freizugeben. Sie zu zerlegen
in Hunderter, Zehner und Einer. Damit sie sich endlich
wieder was zutrauen. Kommt, wir schieben unsere Tische
zusammen. Jaqui ging von Puppe zu Puppe, zwinkerte

und schrieb eine Zahl auf das Preisschild; fertig. Köder
für den guten Geschmack, keine Unsummen. Käufer
sind dumm, aber nicht so dumm, dass sie nicht merken,
wenn der Ver-Käufer sie für dumm *hält*. Der Käufer wartet

geduldig. Irgendwann wird, irgendwann muss sich die Puppe verlieben. »Wenn man einschläft, wundert man sich, dass alle Kontinente außer Europa mit A anfangen.« Asien, Afrika, Australien, Abba, Amerika, Anastasia. Dass das Wort

Afrika, je länger man draufguckt, sich wie ein Elefant fortbewegt. So ist dieses Wort ja einst auch entstanden. Am besten, ihr beachtet es gar nicht. Noch besser, ihr schultert eure Puppen wie Rollen

Dachpappe und geht nach Hause. Nun geht schon.

VII

Es gibt Menschen, die gibt es noch heute. Teuerste
Seelen, eingesponnen in ihre Verliese aus Schweigepflicht
und Restalkohol. Im doppelt verplombten Waggon
zurück von der Revolution. Vom Norden über die Grenze

weiter nach Westen. Ich war allein im Abteil. Auf den Dächern
saßen die Regenbogentrojaner, die Emigranten
und die auf der Basis von Bahncard 25 zur Fernbeziehung
Verdammten. Als gäbe es mitten im Ersten Weltkrieg

eine Szene aus dem Dritten. Auf der Basis von Passierschein
und Semesterticket. Als ginge es plötzlich doch, dass
Romanfiguren ihre Träume erzählen. Etwas (ein Stottern,
eine Waffe, ein Teich), das es in WK I noch gar nicht gegeben

haben *kann*. Der Zug hielt in einer Stadt, die aus freien
Stücken ein Kaff war. Kleine Stadt, die eine Schwäche
für ihre Nachbarstadt hatte. Für Blaulicht-und-Martinshorn-
Pfade, für Altersflecken und Weltraummetalle. Alles, was

schmuck oder nass oder baufällig aussah, wirkte
pathetisch. Alles andere wirkte echt. Ich fand eine Zeitung
und übte mich im sinnerfassenden Lesen. Die Revolution
wurde nun von den Freelancern ausgewertet. Ich traf manchen

alten Bekannten; Klaus Höpcke z.B. oder Manuel
Röpcke. Es ist nämlich so: Ich fürchte mich nicht
vor einem Toten, sondern vor dem, der diesen Toten
zuletzt im Leben gesehn hat. Doch ich kann mich irren. Ohne

Scheiß. Mein Kundenstamm bröckelt. Den blauen? Ja, den. Ich lebe
in mehreren Lebensphasen zugleich. Weil ich halt vom Bettchen aus
lebe. Trockenes Laub weht in den Hausflur ... im Bureau
steht ein Schreibtisch ... auf dem Schreibtisch liegt ein Akten-

ordner. Bist du wohl so gütig und holst mir mal eben
den Ordner. Den blauen? Ja genau, den. Trockenes
Laub weht in den Hausflur, wenn draußen ein Express-Zug
vorbeirast. Eine Art Klingelstreich mit anschließendem

Ausschütteln des über und über mit Blattwerk bedeckten
Fußabtreters. Heiner und Steff hatten mich noch zum Bahnhof
gebracht. Meine Papiere waren okay. Aussortierte
Puppen sind sowieso unverkäuflich. Ich schaute

unter den Plomben hindurch aus dem Fenster, auf Wälder
und Boddenland. Hier wird also der Wolf wieder urbar
gemacht – und dort der Haifisch, Untergattung Herings-
haifisch. Mit dem Heringshai verhält es sich im Grunde

wie mit der sogenannten Tigerente. Der Hai
wird vom Hering, der Tiger wird von der Ente
verniedlicht. Ente und Hering haben sich eingenistet
in den Namen ihrer Jäger. Solche Jäger sind in meinen Augen

Versager. Alles hängt vom Salzgehalt ab; das Salz,
die zwei, drei Prozente, entzündet das Wasser
bis in die Tiefe. Vom Salzgehalt hängt es ab, ob der Herings-
haifisch im Bodden gedeiht oder verendet. Lange

hält er das jedenfalls nicht aus. Sind wir bald da? Wie viele
Stationen noch? Ich sage *wir*, dabei bin ich doch im Abteil
ganz alleine. Als ich geboren wurde, konnte keiner
im Entferntesten ahnen, dass ich zwanzig Jahre später

im doppelt verplombten Waggon Richtung Grenze
rollen würde. Wie auch. Schwellen brennen grellrot
unter den Glocken des Intercity. Jeder kennt irgendwen,
mit dem es schwierig ist. Schwellen verbrennen viele Wälder

auf einmal. Gestern, nach dem letzten als Puppe
zu verzeichnenden Beischlaf, hatte ich eine Vitamin C
in ein stilles Wasser geworfen. So gierig setzte ich an,
dass das Glas leer war, noch *ehe sich die Tablette*

auch nur bis zur Hälfte aufgelöst hatte. Ohne Scheu
löffelte ich nun den Tablettenschlamm vom Boden in mich
rein. Kraft strömte durch meine Adern, und nie wieder
wollte ich mit einem von den Montags-Eliten einen Beischlaf

vollführen. Mit den Dienstags-Eliten gern, aber nicht mehr
mit denen vom Montag. Mittwochs gehen die Züge, die verplombten
Waggons und die Zusammenhänge. Die meisten
von meinen Gefährtinnen zieht es zurück zu ihren

Alteigentümern. Zu denen, die noch immer die Schürfrechte
halten. Ich pulte an dem Pflaster, das seit zwei Tagen
die Mullkompresse an meiner linken Hand ersetzte. Erst
kommt der Verband ab, dann das Pflaster, und endlich

sehen alle das dampfende Display auf meiner Innenhand. Bald
kann ich auch ohne Telefon telefonieren. Heiner
war beim Abschied traurig verlegen. Er starrte auf jenen Gras-
streifen hinter dem Bahngleis, der sich braun und zertrampelt

vom Wiesengrün abhebt. Bestimmt verläuft hier im Winter
die Rodelbahn – und die Wiese merkt sich diese Bahn
sogar im Sommer. Heiner saß da mit gekreuzten
Beinen wie ein Mönch beim Meditieren. Unentwegt

denkt er nach. Ich liebe Heiner, aber Heiner liebt
Jaqui, die damit ziemlich gut umgehen kann. Jaqui ist für mich
die Allerschärfste. Sie ist jetzt eine Frau in ihren
Fünfzigern, ihren Beruhigern. Zeitlich gesehen ist Jaqui

aus allem raus. Wahrscheinlich hört sie zwei Jahre
vor Vertragsende auf und nimmt dafür Einbußen
in Kauf. Seitdem sie nicht mehr bei Heiners Familie
wohnt, wohnt sie in einem Zweckbau im Wedding. Manchmal

kommt Hakan vorbei und dann spielen sie *Wie es früher*
war. Wie war es denn früher? Besser?

VIII

Später möchte ich unbedingt einen festen Freund
und eine eigene Wohnung. Die beiden dürfen alles
miteinander treiben. Nur nicht die weißen Fliesen
durchbohren in meinem weißen Badezimmer – das dürfen

sie ausdrücklich nicht. Gründe sind Abgründe, und Heiner
hatte mir ein Antiphon mitgegeben. Das erste, das schon
von der Patina des Wieder-Natur-Gewordenen über-
spült war. Alte Musikinstrumente, selbst wenn sie

einfach so in der Gegend rumstehen, machen etwas
mit uns. Nicht nur mit uns; die ganze Landschaft
schweigt antiquarisch. Ich zum Beispiel, die ich seit
Tagen in diesem Waggon saß, begann von meinen Blusen

die Bündchen abzuschneiden, unten wie oben. Von den schwarzen
und von den weißen, von denen zum Ins-Theater-
Gehen nicht anders als von denen zum Toben. Wie raffiniert,
gerade mir das Antiphon zu vererben. Das Antiphon

ist nämlich eine Abwehrwaffe mit eingebauter
pazifistischer Sperrklausel. Missbrauch ausgeschlossen. Kein
Lärm ringsumher – keine Anwendungsmöglichkeit. Ich,
als ich noch Teil der Puppen-Truppe gewesen, hatte

jahrelang Judo trainiert. Auch da durfte ich meine Waffen
nur zu Verteidigungszwecken einsetzen. *Siegen*
durch Nachgeben nannte es Meister Kano, mein Sensei
aus Yokohama. Unsere Verantwortlichen

hatten ihn, der sich mit dem japanischen Judo-Verband
überworfen, adoptiert. Ich schwärmte für Meister
Kano, für seine Offenbarungsekstasen, seine Lehrmärchen
ohne Lehre, eingeübt und herbeimeditiert

in den Bergen, in den Höhlen der Einsiedelei. Ausatmen
-hhhff, der Gleichgewichtszauber, die aus dem Himmel tropfende
Zeit. Die rechte Handlung wächst aus der Weisheit, die ihre Wurzel
ins Nichts schlägt, gräbt. Konzentriere dich, dein Weg

wird lang und mühsam sein. Sei wie das Wasser, sei
wie der Wind, sei wie der Schnee auf den Bäumen. Du wirst
unbezwingbar sein. Manchmal kämpften wir schon vor
dem Training oder danach noch im Umkleide-

raum. Triezten uns freiwillig, um dem Meister ein Lächeln
abzuluchsen. Große und kleine Innensichel, O- und Ko-
Uchi-Gari, Handrad, Tai-Otoshi, Schulterwurf, Seoi-
Nage. Kesa-Gatame und Ude-Hishigi. Ich habe keinen

der japanischen Fachausdrücke vergessen. Im Sommer
zum Intensiv-Wochenende nach Ahlbeck, an die
Ostsee. Da trafen wir Puppen aus den baltischen
Leistungszentren. War das ein Moment, als Ivéta

ihren Rucksack auspackte und wir anderen
hofften, es möge kein blauer oder gar brauner,
sondern höchstens ein grüner Gürtel zum Vorschein
kommen. Meister Kano trug einen schwarzen. Wir liefen

in Judoanzügen ins Meer und übten die Würfe. Nässe
schlug um in Schwere, die umschlug in Schmerz. Schmerz
wird zum Glück betäubt von der Kälte. Die Ostsee
bei Usedom ist ständig am Fressen. Und weil sie pausenlos frisst,

muss sie auch immer verdauen. Sinkstoffe ziehen
mit der Strömung, und einmal, zwischen Tsukuri
und Niederwurf, streifte mich eine Qualle. Eine Masse
aus trägem, ekligem Glibber, aus weichem Gelee. Die Qualle

gehört für mich nicht zu den Tieren. Sie ist ein Wesen
aus Wasser, sie ist blöd und kraft ihrer Nesseln
gefährlich. Eine Qualle, die im Schatten liegt, verdunstet
langsamer als eine, die direkt von der Sonne

beschienen wird. Eine, die auf den Steinen zerläuft, braucht
länger als eine, die im Sand verdampft usw. In Japan
nehmen sie Quallen zum Düngen, wegen der Salze. Wir waren
leichtgläubige Puppen; elf, zwölf, dreizehn Jahre

waren wir alt. Kinder, die sich vor anderen Kindern
verneigten. Tomoe-Nage, Koshi-Guruma, De-Ashi-
Barai. Jungejunge, sagte ich zu Ivéta, das machst du
prima. Mag sein, dass ich in sie so wie sie in mich

verknallt war. Morgens, beim Bodenkampftraining, flocht ich ihren Namen mit ein: *Kuzure-Kesa-Ivéta, Ude-Ivéta-Kansetsu, Ivéta-Jime.* Noch nie hatte ich einer Puppe einen Kosenamen gegeben. In keiner anderen Sprache

klingt die Liebe so süß. Wie bin ich denn jetzt auf meine Judoliebe gekommen? Richtig, das Antiphon. Eine Waffe nur zur Verteidigung. Es sei denn, ich bekämpfe die Stille mit Stille und die Langeweile mit potenzierter

Langeweile. Ich hätte mir eine Blumenbinde-handarbeit einstecken sollen. Die Stille mit doppelt so viel Langeweile. *Stille* war ohnehin bloß der Arbeitstitel, letztlich hieß es dann *Liebe*. Mal schauen, was meine Provianttüte

hergibt: Klappstulle, Schokoriegel und Saft. Nach dem Essen musste ich dringend … und als ich zurück: Da, genau da, an dieser Stelle hat mein Koffer gestanden. Harai-Tsuri-Komi-Ashi nochmal! Kaum geht man zwei Minuten

aufs Tö, schon wird man bestohlen. »Auch wenn ich weiß, wo ich bin, täuschen die Sinne. Sie sind die am wenigsten zuverlässigen Orientierungsmittel. Geografische Ikonen helfen schon eher. Ein Lächeln oder ein Augenzwinkern

kann untertags einen Menschenauflauf auslösen.« Bei Verlust oder Diebstahl ist das Antiphon unverzüglich wieder einzufangen. Einen Dreck werde ich. Im Waggon nebenan setzte Klavierspiel ein, wurden Akkorde gehortet. Musik,

wie sie klingt, wenn sie in bereits kontaminierte
Zonen eindringt. Wenn die äußerste Taste ausgeleiert
und wie von anämischen Fingern bewegt gegen
die Dachtraufe schwingt. *Pling! Pling! Pling!* Einen Dreck

werde ich. Ringsum feiern die Lärmverursacher
und Dilettanten. Sie haben mir das Antiphon
abgejagt. Sie – das sind die aus *Horns Erben*, die immer
so fortschrittlich tun. Die mit den Hüften wackeln

wie andere mit den Ohren. Ich bog die eine Hälfte des Zuges, exakt
bis zur Mitropa, nach oben. Wenn man mir nur ein Mal
zuhören würde. Der vordere Teil (wie ein nach einem Gewaltakt
im rechten Winkel zum Resonanzkörper stehender

Gitarrenhals) wies in den Himmel. Ich kroch von Abteil
zu Abteil. Im Schlafwagen klopfte ich gar nicht erst
an die Türen, sondern rief leise die Namen
derjenigen, die ich hinter diesen Türen

vermutete. Ich musste bei zweihundert Kilometern
pro Stunde ein Lazarett einrichten. Auf meinem Marsch
hoch zur Lokomotive. Zu den in Dur und in Moll
aufgebahrten Schwerverletzten. Blätter flogen

herum, Filzstiftmalerei; Monster, Hexen und Zwerge. Urmel
im Eis. Die Rettungsmaßnahmen hatten begonnen. Selbst fiese
Menschen trauern bisweilen oder schauen ernst
in die Ferne. Aber fiese Menschen sollten unbedingt

hässlich sein. Sonst findet man sie am Ende doch noch
sympathisch. Wie ein Fisch schwimme ich durch die Phasen
der Revolution, von der fixen Idee zur Idee, von der Idee
zum leistungssportlichen Auftrag, vom leistungssportlichen

Auftrag zum Objekt, vom Objekt zum Exponat, vom Exponat
zur redseligen Puppe. Auch außerhalb der dafür errichteten
Tempel kritzelten wir kleinen Judokämpferinnen
unsere sehnlichsten Wünsche auf schweißnasse

Kärtchen. Beim ersten Mal eher ein Zufall, wurde es bald
zur Gewohnheit. Ich schrieb: *Ich möchte mich nur noch*
von euch verabschieden. Vor mir brennen die Gleise
wie in die Landschaft gelegte Zündschnüre. Ob ich

die Halterin des Antiphons sei, will ein Herr in Uniform
von mir wissen. Jetzt muss es schnell gehen. Adieu Katarina
und Stefanie, tschüss Mom, Mim und Dad, farewell
Jaqui und Heiner. Ihr solltet euch zwei liebe

Lebensabendler sein. Ciao Fledermaus, sayōnara
Ivéta. Dir traue ich alles zu, du landest sogar
bei Olympia. Du ja. *Siegen durch Nachgeben*
ist ein tolles Prinzip, und es eignet sich ganz speziell

für die Starken. Ich verplombe die Waggons nun
auf meine Art. Wer nicht für den Aufstand und die Stille
eintritt, wird wegadoptiert. Befragung, Entmündigung, ab
zur neuen Familie. Proteste in den Papierkorb.

Zitate

»Pfingsten, das liebliche Fest, war gekommen! es grünten und blühten Feld und Wald; auf Hügeln und Höhn, in Büschen und Hecken.«
Johann Wolfgang Goethe

»Wenn man einschläft, wundert man sich, dass alle Kontinente außer Europa mit A anfangen.«
Vladimir Nabokov

»Auch wenn ich weiß, wo ich bin, täuschen die Sinne. Sie sind die am wenigsten zuverlässigen Orientierungsmittel. Geografische Ikonen helfen schon eher. Ein Lächeln oder ein Augenzwinkern kann untertags einen Menschenauflauf auslösen.«
Jürgen Ploog (hier leicht abgewandelt zitiert)

Anmerkungen

Dave Dee, Dozy, Beaky, Mick & Tich: Pop-Band aus den 1960er Jahren

Große und kleine Innensichel, O- und Ko-Uchi-Gari, Handrad, Tai-Otoshi, Schulterwurf, Seoi-Nage, Kesa-Gatame, Ude-Hishigi, Tsukuri, Tomoe-Nage, Koshi-Guruma, De-Ashi-Barai, Kuzure-Kesa-Gatame (Ivéta), Ude-(Ivéta)-Kansetsu, Hadaka (Ivéta)-Jime, Harai-Tsuri-Komi-Ashi: Begriffe bzw. Techniken aus dem Judo

Dank

Ich danke meinem Sohn Richard, der mich zum ersten Satz dieses Gedichtes geführt hat.

Madame Gabel liebt das Wiedererkennen

Anmerkungen zu Jörg Schiekes »Antiphonia«

von Jan Kuhlbrodt

> *Und wars mit noch so kleinen Dingen,*
> *Groß war der Dank, den sie empfingen;*
> *Mehr als genug gedaucht es sie.*
> Wolfram von Eschenbach, Parzival
> (Übertragen von Karl Simrock)

Mit *Antiphonia* legt Jörg Schieke ein langes Gedicht vor, das lust- und kunstvoll einen Parforceritt durch die Gegenwart und unmittelbare Vergangenheit zelebriert. Rein inhaltlich, wie man so sagt. Formal aber lässt es Formen auferstehen, die vergangen scheinen, aber zyklisch ihren Anspruch auf Gegenwärtigkeit geltend machen. Immer wieder findet das Epos seinen Weg zurück in den Vers, dem es letztlich entstammt und aus dem es erst in der bürgerlichen Epoche in den Roman floh.

Beispiele aus jüngerer Zeit sind zum Beispiel der Versroman *Rot* der kanadischen Dichterin und Altphilologin Anne Carson oder Rimbereids *Solaris korrigiert.* Diese beiden Werke seien hier angeführt, weil sich Familienähnlichkeiten ausmachen lassen zu Schiekes Versuch an der großen Form. Sie beanspruchen Gegenwärtigkeit, indem sie Phänomene wie Raumfahrt oder Popkultur, die uns unmittelbar vorliegen, mit mythischen Vorstellungen kurzschließen, und Zeit, zumindest unsere Zeitvorstellungen, auf wunderbare Weise aufheben. Vergangenheit und Gegenwart scheinen hier wechselseitig auseinander hervorzuwachsen.

Eine Familie schafft Protagonisten, sie werden, wie es in Schiekes Text heißt, »veröffentlicht«. Und in dieser Wortwahl allein zeigt sich die sprachliche Durchdrungenheit einer Welt, die pausenlos produziert, hervorbringt. Und das, was sie hervorbringt, was sich nach Marx als eine unüberschaubare Ansammlung von Waren darstellt, ergibt gleichermaßen einen ebenso unüberschaubaren und demokratischen Kosmos. Als Fixsterne flackern darin die Markennamen, befestigt an sich drehenden Schalen im Firmament. Und:
»Heiner, um sich zu wehren, / hatte *Das Antiphon* erfunden.«

Das Gedicht, jedes Gedicht, selbst dort, wo es sich in Alltagsfloskeln oder technischen Zitaten flüchtet, erhebt Anspruch auf den hohen Ton, fordert ihn auch für das Profane ein. Das heißt aber auch, dass es das Profane entprofaniert und ihm so Gerechtigkeit widerfahren lässt. Das ist seine sprachdemokratische Funktion.

Wir befinden uns an einem Ort zwischen Ostsee und Atlantischem Ozean, zwischen Greifswald und Alpha Centauri, angefüllt mit Insignien spätkapitalistischer Melancholie. In dieser Gegend, die wir Gegenwart zu nennen gewohnt sind, liegt vieles, vielleicht alles, aufgehoben, das einmal dem Untergang anheimfiel. Denn man braucht nur an den oberen Schichten der Sprache zu kratzen, und es zeigt sich in einem aktuellen Licht.

»Da wirst du mit einem Tritt in die Eier geadelt«, heißt es in einem Gedicht Schiekes aus den Neunzigerjahren, »... und erzählst zwei Geschichten in einer.«

Schieke erzählt Geschichten, und nicht nur zwei, Geschichten, die sich nach innen immer weiter verzweigen, sich äußeren Einflüssen nicht versperren, sondern Anlass nehmen zum Beispiel in der *Löffelfamilie*, einer restaurierten Lichtwerbung in der Leipziger

Südvorstadt, und zugleich ihren Ausgangspunkt finden in einem immerwährenden Klassentreffen:
»Eine Harfe / am Kranhaken schwebend über einem von dreißig Schul- / kameraden gemeinsam ausgepinkelten Feuer –«

Und Schiekes Text nimmt neuere Mythen auf, die auch schon wieder vergangen sind, wie Lenins Fahrt im verplombten Eisenbahnwagen von der Schweiz aus durch Deutschland in das vorrevolutionäre Russland.

Veröffentlicht wurde Jörg Schieke von seinen Eltern 1965 in Rostock und wuchs in der Hansestadt am Strelasund auf. Er studierte am Deutschen Literaturinstitut Leipzig und lebt seitdem an Elster, Parthe und Pleiße, war Redakteur der Literaturzeitschrift *Edit* und arbeitet als freier Mitarbeiter beim MDR. Sein literarisches Debüt erschien 1995 im Berliner Galrev Verlag. Schon hier kündigt sich ein unverwechselbarer melancholisch-humorvoller Ton an, den Schieke in den folgenden Veröffentlichungen verfeinert. Im vorliegenden Epos erreicht diese Bewegung einen zumindest vorläufigen Höhepunkt.

Inhalt

Reihe Neue Lyrik

Kulturstiftung des Freistaates Sachsen
Herausgegeben von Jayne-Ann Igel, Jan Kuhlbrodt, Ralph Lindner
Erscheint im poetenladen Verlag